LA LOI CONTRE LES COALITIONS

ET

LA LIBERTÉ DES TRAVAILLEURS

PARIS. — TYPOGRAPHIE DE COSSON ET COMPAGNIE
Rue du Four-Saint-Germain, 43

LA LOI

CONTRE

LES COALITIONS

Et la Liberté des Travailleurs

Les ouvriers et ceux qui ont à cœur le triomphe de leurs droits et l'amélioration de leur sort attendaient avec anxiété la loi concernant les coalitions, qu'avait annoncée le discours d'ouverture des Chambres.

Quand on connut le texte du projet élaboré par le Conseil d'État et le rapport qui l'accompagnait, il y eut une désillusion d'autant plus forte qu'on s'était ingénument laissé aller à espérer davantage. Toutefois, il avait été introduit un allégement, puisque la coalition n'était plus punie que dans certains cas.

Quand on sut qu'après de longs débats au sein de la Commission, un membre de l'opposition était nommé rapporteur, on se remit à rêver une loi pleinement libérale. Le désappointement, à la lecture du rapport de M. Émile Ollivier, fut plus grand peut-être encore qu'après la lecture de celui de M. le conseiller d'État Cornudet. Et pourtant le nouveau projet donne aux ouvriers quelques latitudes de plus.

Mais ce n'était point à un député qui se dit démocrate à se faire l'avocat de dispositions qui, pour être mitigées, n'en restent pas moins contraires aux principes.

S'il se fût agi d'une loi sur la presse, M. Ollivier aurait-il cherché à en être le rapporteur pour soutenir la légitimité d'un cautionnement de 45 000 fr. au lieu de celui de 50 000 fr. actuellement exigé, et pour proposer comme une solution satisfaisante qu'un journal ne pût plus être supprimé qu'après avoir reçu cinq avertissements, au lieu de pouvoir l'être après trois?

Assurément, pour l'ouvrier poursuivi, il vaut mieux que l'amende puisse être abaissée jusqu'à 16 fr. au lieu de 500, et la prison jusqu'à six jours au lieu de six mois, comme dans le projet primitif, et surtout que l'une des deux peines puisse être prononcée, et non forcément toutes deux, comme elles l'étaient jusqu'ici.

Mais fallait-il donc, pour ces adoucissements dans la forme, abandonner le fond lui-même? Si l'on est frappé, on se réjouit d'avoir moins de prison à faire et moins d'argent à payer; or, ce qui importe bien plus, c'est de n'être point puni injustement.

M. Ollivier est tout heureux d'avoir, dans la caractérisation du délit, fait supprimer les mots *dons ou promesses*, et remplacer *manœuvres coupables* par *manœuvres frauduleuses*.

Mais ces corrections de style, qu'exigeait sans doute la précision juridique, ont-elles sensiblemeut amélioré la loi?

M. Ollivier triomphe en ceci : que le mot de *coalition* a disparu du projet de loi. Or, si le mot n'y est plus, la chose y est. Seulement elle s'appelle *un plan concerté*.

Ce qu'il y a de douloureux, c'est que le projet, favorablement amendé, je le veux, mais au demeurant antilibéral et antipopulaire, soit devenu celui, sinon de la gauche, au moins d'une partie de la gauche.

Il y avait, après les espérances éveillées, une impopularité à recueillir. Au lieu de la laisser au gouvernement, M. Ollivier la revendique pour l'opposition.

Déjà, dans la question polonaise, M. Ollivier, par son initiative intempestivement pacifique, rendit au gouvernement ce service qu'on put dire : « Pourquoi ferait-il la guerre? l'opposition elle-même n'en veut pas? »

C'est ainsi que dans le temps débuta celui que M. Ollivier a pris pour son patron politique, M. Thiers. On se souvient comment alors, jeune député, M. Thiers, qui avait été révolutionnaire, se mit à légitimer l'abandon de la Pologne par Louis-Philippe. Dès qu'il eut donné ce gage, l'accès aux postes les plus élevés de l'État lui devint facile.

Le secret de parvenir consiste, en effet, le plus souvent à faire servir au profit de la classe dominante l'autorité morale que l'on a acquise au service de la classe souffrante. Enrayer le progrès par les mains des hommes que la confiance du peuple investit du soin de le diriger, a toujours été l'une des délices de l'aristocratie, de ceux que leurs intérêts attachent à la conservation du présent.

La bourgeoisie de 1830 fut contente que M. Thiers, ancien journaliste, fît la loi contre la presse. De même la loi contre les coalitions a d'autant plus de prix aux yeux des bourgeois d'aujourd'hui, patronnée par un avocat qui est arrivé à la Chambre principalement par le suffrage des ouvriers.

Aussi M. Ollivier a-t-il déjà recueilli les éloges du journal de M. La Guéronnière (*la France*) qui lui reconnaît « un véritable esprit politique. » C'est le même éloge que les journaux ultra-conservateurs adressèrent à M. Jules Favre lorsqu'il fit, en 1849, son rapport pour l'expédition de Rome.

Alors aussi, certaines gens réputaient habile de s'être chargé du rapport puisqu'on pouvait y insérer telle ou telle phrase libérale qui engagerait, disait-on, le gouvernement. Or, le rapport passe et la loi reste. On ne fut pas longtemps à s'apercevoir que la mesure était détournée de son but.

M. Ollivier parle dans son rapport de la *liberté des coalitions*. Mais il sait le cas que les juges font des rapports et exposés des motifs. Ils ne se regardent comme liés que par le texte de la loi. Or, le projet de loi est moins net sur certains points que ne l'est le rapport. — Maintes phrases philosophiques sont applaudies en considération des dispositions légales qu'elles couvrent.

On dit : C'est une loi qui réglemente et assure la liberté des coalitions. — Oui, tout comme les lois qui réglementent et assurent la liberté de la presse.

Nous aurons, en effet, la liberté des coalitions, comme nous avons la liberté de la presse.

Quand les questions ont été mal posées et qu'elles reçoivent une demi-solution, le progrès en est non avancé, mais retardé. C'est le mal que, sous la Restauration, les libéraux ont fait à la liberté de la presse. En acceptant qu'elle fût réglementée et en disputant uniquement sur le *quantum*, ils ajournaient durablement son triomphe, puisqu'ils acceptaient en principe que des pénalités en matière de presse fussent justes. Or, la liberté de la presse ne peut pas plus se limiter que la liberté de conscience et d'examen. Ce que nous disons de la presse s'applique aux coalitions.

Toute loi sur la presse est une loi contre la presse. Toute loi sur les coalitions est une loi contre les coalitions.

Déjà, il n'y a plus d'esprit libéral qui ne professe que pour la presse, le régime de droit commun suffit ; en d'autres termes, qu'il ne devrait pas y avoir de loi sur la presse, sauf à punir les injures et calomnies écrites, comme on le ferait des injures et des calomnies proférées sur la voie publique.

Comment s'étonner que nous ne voulions pas plus d'une législation spéciale sur les coalitions que nous n'en voulons sur la presse. Et pourquoi dire : que ceux qui parlent de droit commun ne s'entendent pas eux-mêmes !

Il fut un temps où l'Église réclamait le bras séculier pour frapper ceux qu'elle repoussait comme coupables d'hérésie, c'est-à-dire entachés d'un esprit opposé au sien. Aujourd'hui on rirait de voir l'Église solliciter l'application de peines corporelles pour des délits de pensée. Mais la société civile déclare avoir besoin du bras séculier pour écarter ou effrayer ceux dont la plume hostile lui paraît menacer ses priviléges ; on rira un jour des soi-disant délits de presse.

Et qu'est-ce donc qu'un procès de coalition, sinon l'invocation que fait du bras séculier l'industrie capitaliste?

Nous sommes convaincu que les violences et les fraudes

sont suffisamment punies par la loi commune, sans qu'il soit besoin d'une aggravation particulière quand elles sont commises à propos de coalition.

Par conséquent, si l'on était sincère lorsqu'on a dit : « Désormais les coalitions seront libres, » on se bornerait à effacer les art. 414, 415, 416 du Code pénal.

Mais on veut avoir l'air de donner et pourtant on craint de donner. Ce que l'on offre d'une main, on le retire de l'autre.

Le mot : délit de coalition, était devenu odieux. On le fait disparaître comme une arme dangereuse aux mains des paris. La loi tombait d'elle-même comme tombent les choses surannées, on la refait à neuf.

M. Ollivier s'en remet avec confiance, dit-il, à la pratique qui démontrera les bienfaits de la nouvelle loi. Nous croyons qu'il en sera de la loi d'avril 1864 comme de celle de novembre 1849.

M. Ollivier reconnaît que la loi, quoi qu'on fasse, n'atteint en réalité que les ouvriers : malgré les prescriptions du législateur, les articles de 1849 n'ont jamais été appliqués aux patrons, et l'égalité proclamée fut une illusion. Aujourd'hui les nouveaux articles ne seront non plus appliqués qu'aux ouvriers. Les ouvriers ont eu seuls à souffrir de la loi antérieure contre les coalitions. Les patrons seront seuls à profiter de ce que le rapport veut bien appeler la liberté des coalitions. Et cela tient aux entraves que la loi générale apporte au droit de réunion. M. Ollivier dit qu'il n'a pas à s'occuper du droit de réunion. Or, M. Cornudet a signalé que l'absence de la liberté de réunion était le motif qui avait déterminé le Conseil d'État à être moins rigoureu dans les interdictions de coalitions ouvrières, puisque sans réunions elles ne sauraient être ni bien longues ni bien dangereuses. Ajoutons que ce qui cesse de tomber sous le coup de la loi comme coalition, y pourra fort bien tomber comme association. Les ouvriers qu'on ne pourra plus, dans certains cas, poursuivre comme coalisés, le seront pour fait d'association, puisque dans la France du dix-neuvième siècle l'association n'est pas encore libre. M. Ollivier déclare que la constitution des caisses de chômage n'est pas atteinte par la loi qu'il propose. Mais il ajoute : « Tombe-t-elle sous le coup de la loi des associations ? nous n'avons pas à le décider. »

M. le rapporteur dit : « Ainsi, pour conclure, liberté absolue de la coalition à tous les degrès, répression rigoureuse de la violence et de la fraude... Désormais la coalition des patrons ou celle des ouvriers est absolument libre, c'est le point de départ de la loi. Nous n'avons pas voulu que, sous prétexte de rechercher le caractère d'une coalition et de s'enquérir si elle est juste ou injuste, abusive ou équitable- violente ou paisible, frauduleuse ou sincère, l'autorité judi, ciaire ou administrative pût reprendre indirectement ce qui lui est retiré directement. »

Mais comment déclarer que la coalition est libre et que la violence et la fraude seules sont punies quand le nouvel article 416 contient une pénalité contre un plan concerté même sans fraude ni violence !

« Art. 416. Seront punis d'un emprisonnement de six jours à trois mois, et d'une amende de 16 fr. à 300 fr., ou de l'une de ces deux peines seulement, tous ouvriers, patrons et entrepreneurs d'ouvrage qui, à l'aide d'amendes, défenses, proscriptions, interdictions prononcées par suite d'un plan concerté, auront porté atteinte au libre exercice de l'industrie ou du travail. »

Ou je me trompe fort, ou il y a peu d'anciens procès de coalition qui ne puissent se renouveler en vertu de cet élastique article 416.

Arrêtons-nous un instant sur les mots : libre exercice de l'industrie ou du travail. M. le Rapporteur a dit : « Les anciens articles 414, 415 sont abrogés. Ceux qui les remplacent ne modifient pas l'ancien délit de coalition ; ils en créent un nouveau : l'atteinte à la liberté du travail, ou en d'autres termes au libre exercice de l'industrie ou du travail. Ordinairement cette atteine consistera, de la part des patrons, à vouloir injustement abaisser le salaire, de la part des ouvriers, à tenter abusivement de l'élever. Elle pourra porter sur les autres conditions de travail : sur le travail à la tâche substitué au travail à la journée, sur la durée des heures de travail ; elle se manifestera quelquefois par la résistance opposée à l'introduction d'une nouvelle machine ou à l'admission des apprentis. »

Ainsi le procès des ouvriers typographes, dont les péripéties ont si fortement influé sur l'absolue nécessité de modifier la loi des coalitions, ne serait pas plus évité avec les nouveaux articles qu'il ne le fut avec les anciens. « Qu'est-ce, par exemple, dit M. Emile Ollivier, que cette insoutenable prétention des typographes parisiens, dans leur grève récente, de s'opposer à l'admission des apprentis, si ce n'est une tentative d'empiétement sur le droit légitime du patron ? » Le juge, en frappant, regrettait d'avoir à appliquer une loi trop rigoureuse. Et M. le député de l'opposition renchérit en sévérité sur le magistrat !

La liberté de l'industrie est le grand cheval de bataille des patrons. La liberté de l'industrie est, pour eux, comme la *libertas ecclesiastica* pour les prêtres, le droit de tout faire sans gêne ni entrave. Déjà nous voyons en quelque sorte une anarchie féodale d'une nouvelle espèce. Et les chefs industriels, à l'instar des comtes et barons du temps jadis, craignent pardessus tout que les ouvriers soient aidés par l'autorité centrale. Ils dénoncent comme illégitime et irrationnelle l'intervention de l'État, et essayent d'inspirer aux ouvriers le sentiment qu'il n'est pas digne d'y recourir, bien qu'eux-mêmes ne se soient jamais fait faute de la solliciter à leur profit exclusif.

Quand on attaque l'intervention de l'État, on oublie que les ouvriers l'ont invoquée, non comme un principe, mais comme une nécessité de situation. Sous le règne de Louis-Philippe surtout, l'État s'était trouvé organisé et fonctionnant, à l'avantage complet de la bourgeoisie et au bénéfice de ses intérêts matériels. C'est alors que le ministre Guizot disait : « Je veux, je cherche, je sers de tous mes efforts la prépondérance politique de la classe moyenne en France. » (Discours de 1843.) Est-il étonnant que la première pensée des ouvriers en 1848 ait été de demander au gouvernement de la Révolution de réagir par son action en faveur du plus grand nombre contre ce que le gouvernement de la bourgeoisie avait fait en faveur de quelques milliers de familles. Lorsque le peuple a créé un pouvoir, n'est-il point naturel qu'il en attende des œuvres populaires et non pas une marche semblable à celle du pouvoir oligarchique. C'est une grande douleur pour le peuple s'il arrive à découvrir une alliance trop intime entre le pouvoir et la féodalité dont il souffre.

M. Emile Ollivier s'écrie dans son rapport, après avoir parlé de la loi économique de l'offre et de la demande : « Aucune volonté humaine ne peut rien contre ces lois aussi fatales que celles qui règlent le cours des astres ou qui déterminent la chute des corps... Quelques écrivains ont bien à tort, à une certaine époque, rendu la concurrence responsable du jeu de ces principes. »

Et précisément le but de la loi telle qu'elle est présentée par le rapporteur, est surtout de protéger la libre concurrence. Et ce sera là pour les ouvriers une source de luttes et de souffrances cruelles.

M. le Rapporteur s'est attaché à combattre la théorie de la minorité de la Commission, conforme d'ailleurs aux vœux de l'universalité des travailleurs. D'abord, il l'a résumée ainsi : « Nous ne voulons pas que la violence, la menace, et tous autres crimes ou délits commis à l'occasion d'une coalition, restent impunis ; mais les dispositions générales de la loi pénale suffisent à empêcher ce résultat. Elles atteignent tout ce qui doit être atteint ; une loi spéciale est inutile ; elle sera impopulaire. Le mieux serait donc d'abroger simplement les art. 414, 415, 416, et de laisser au droit commun la répression des délits qui se mêleront à la coalition. »

Et il y répond par l'argumentation suivante : « Est-ce que pour punir la menace ou la violence, il n'existe dans le droit commun qu'un article embrassant toutes les hypothèses par l'ampleur de ses termes ? Nullement. Chaque situation particulière est prévue par une disposition spéciale. La peine de la violence varie suivant la perversité de l'intention (articles 295 à 305, 310, 311 § 2), la gravité du préjudice individuel (art. 309, 311), du dommage social (art. 186, 209, 228, 263, 381), la qualité des victimes (art. 312, 354), les circonstances qui ont accompagné le délit (art. 313, 279). »

Mais dans tous les articles relatés par M. Ollivier, nous ne voyons pas que la loi tienne compte de la position sociale ni de la profession des prévenus. On n'établit pas des peines différentes, si ce sont des avocats ou des médecins qui se sont calomniés ou fraudés. En quoi la menace et la violence est-elle plus ou moins coupable si elle a lieu dans un atelier et à propos de salaires ou dans une boutique à propos d'une note à payer ?

De nombreux ouvriers, dans une lettre qui a été rendue publique (1) ont signalé un point de vue nouveau : l'incompétence des tribunaux ordinaires. Et cela mérite sérieuse réflexion. Les ouvriers soutiennent cette thèse : Que les tribunaux industriels (c'est-à-dire les prud'hommes) sont seuls compétents pour décider de faits industriels de même que les tribunaux de commerce sont seuls compétents pour juger des faits de commerce.

L'introduction par la Commission d'un nouvel élément de délit sous le titre d'atteinte à la liberté de l'industrie ou du travail fera éclater bien plus encore l'incompétence des tribunaux ordinaires. Le plus souvent ils seront dans l'impossibilité absolue de comprendre les questions spéciales débattues devant eux, à propos des détails multiples de centaines de métiers divers qui ont leurs habitudes, leurs traditions propres et leurs évolutions.

Les ouvriers, par un grand esprit de justice, vont au devant d'une autre question, celle des dommages et intérêts qui sont dus par suite d'inexécution d'engagements ou de brusque cessation de travail (1). Ils disent que patrons et ou-

1. Voir à l'*Appendice*, page 22.
2. *Id.*, p. 22.

vriers se doivent, individuellement et au besoin solidairement, raison du préjudice causé. Mais ici encore ils affirment n'accepter que la compétence des tribunaux industriels ou prud'hommes qui jugeront alors comme le font les tribunaux de commerce.

Là est la solution de ces questions délicates et non ailleurs. Nous avons la conscience qu'écartée cette fois, elle sera celle d'un prochain avenir.

Les ouvriers ayant indiqué comment en adoptant des chambres représentatives du travail on pouvait arriver à discuter et à s'entendre plus aisément entre patrons et ouvriers pour le plus grand bien, développement et prospérité de chaque industrie, M. Ollivier croit devoir s'élever contre ces tendances. Quoi de plus équitable pourtant que de constituer des syndicats d'ouvriers là où il y a des syndicats de patrons.

M. Ollivier dénonce la folie qu'auraient certains ouvriers, de restaurer les corporations fermées d'autrefois. Or, comment ceux qui ont souffert des jurandes et des maîtrises pourraient-ils vouloir les rétablir? Ce qu'ils veulent, c'est opérer un groupement naturel par corps de métier avec faculté pour chacun d'y entrer ou d'en sortir, et avec la sanction du suffrage universel pour les décisions à prendre ou les règles à établir; s'il y a lieu. Est-ce qu'aujourd'hui il n'y a point de rapports forcés entre les hommes d'une même industrie? N'y a-t-il point de règlements, mêmes obligatoires? Les ouvriers pensent qu'il serait juste qu'ils eussent part à l'établissement de ces règlements et que les rapports des ouvriers et des maîtres ne résultassent point du bon plaisir patronal. Quant au mot *corporation*, on n'est pas libre de ne pas l'employer; le Rapporteur lui-même pour exprimer son idée est souvent obligé de se servir du mot : corps de métier, c'est-à-dire corporation.

Que M. Émile de Girardin qui ne croit pas aux nationalités, ne croie pas non plus à la corporation, cela se conçoit. Il ne comprend que des individus développant à leur gré leur force et leur activité, les faibles écrasés par les forts : c'est la liberté du requin dévorant les petits poissons.

En réponse au dédain que M. Ollivier affecte pour la corporation, nous lui opposerons une autorité que sans doute il ne récusera pas, celle de l'honorable Me Marie, ancien bâtonnier, ancien ministre et actuellement son collègue au Corps législatif, qui faisait l'éloge suivant de la corporation devant la conférence des avocats, le 4 décembre 1841 :

Appelons à nous toutes les professions, toutes les industries qui se dégradent et périssent sous le feu des guerres intestines... Il me semble que notre constitution peut servir de type à l'organisation de tous les travailleurs, à quelque sphère d'activité qu'ils appartiennent. Il me semble que, si au sein de notre grande société, tous les intérêts identiques se classaient ainsi en corps tout à la fois disciplinés et indépendants, la morale individuelle y gagnerait quelque élévation et quelque pureté, et qu'enfin, de l'union de ces corps distincts, pourrait sortir une France nouvelle qui, resaisissant dans l'harmonie même des intérêts privés le secret aujourd'hui perdu de l'harmonie sociale, réchaufferait ainsi les intelligences sceptiques, les cœurs découragés, et, en affermissant les croyances ébranlées, redonnerait de l'éclat et de la puissance aux grands noms de patriotisme et de nationalité. »

M. de Girardin, qui a soutenu avec tant d'insistance et de bruit la théorie de la liberté illimitée de la presse et qui, récemment encore, développait la même thèse en y ajoutant cette réflexion ingénieuse, qu'un jour on ne comprendrait pas plus qu'il y ait eu des procès de presse que nous ne comprenons, qu'il y ait eu des procès de sorcellerie, a cru devoir appuyer les restrictions légales en matière de coalition. Et il loue M. Ollivier de ses conclusions : « On ne peut pas toujours, dit-il, contenter à la fois son pays et son parti. »

Or le parti ainsi desservi a quelque lieu de s'étonner quand il se reporte aux jours de juin 1857, où M. Ollivier, candidat (un de ses collègues d'aujourd'hui pourrait le lui rappeler), ne parlait de rien moins que d'être un nouveau Manuel. Or, le voici devenu agréable à la majorité, et il ne déplaît point au gouvernement.

Le rapport de M. Ollivier, s'il porte l'empreinte d'une certaine étude de livres écrits sur la matière, dénote également quelque ignorance de la vie ouvrière et des aspirations intimes des masses.

Une chose pénible est de voir comment, tout en refusant de satisfaire à des vœux légitimes, on voile son refus sous des formules philantropiques. M. Emile Ollivier termine ainsi son long rapport :

« Témoignons sous toutes les formes aux travailleurs que leurs maux nous tourmentent, et que l'impuissance seule et non la mauvaise volonté nous empêche de réaliser davantage ; sans ostentation ni arrière-pensée, faisons tous notre affaire principale du combat contre la misère ; instruisons, aimons ceux qui, soit dans les villes, soit aux champs portent une part si lourde du fardeau commun ; et mieux que par tous les autres moyens, nous amènerons ainsi les transactions nécessaires entre le capital et le travail, l'apaisement des haines, le développement harmonieux de l'industrie et la fin de grèves ! »

Nous n'avons point eu la pensée d'embrasser ici tout l'ensemble d'une question aussi vaste que celle des coalitions et de la liberté des travailleurs. Les pages qui précèdent ne sont que de simples observations en réponse au rapport publié par M. Émile Ollivier, dans le moment où s'ouvre la discussion de la loi, et dont les principes ne sauraient, ce nous semble, être acceptés d'aucun esprit démocratique.

20 Avril 1864.

APPENDICE

APPENDICE

Lettre aux Députés de la Seine.

La lettre suivante, couverte de plus de quatre cents signatures, a été adressée à chacun des députés de la Seine.

MONSIEUR LE DÉPUTÉ,

Nous venons de lire le projet de la loi portant modification des articles 414, 415 et 416 du Code pénal contre les coalitions, et nous sommes désappointés.

On reconnaît que les coalitions de patrons sont insaisissables, qu'il n'y a pas d'exemple de procès contre les patrons pour fait de coalition, et que l'égalité de pénalité stipulée par la loi de 1849 n'a pas profité aux ouvriers.

La loi nouvelle contient de semblables illusions. On nous dit que la coalition ne sera punie que si elle est accompagnée de violences, menaces, intimidations, etc., en d'autres termes, que la coalition simple, c'est-à dire l'entente ou concert pacifique entre ouvriers ou entre patrons sera permise. Mais qu'est-ce que l'intimidation, et où commence-t-elle? Le vague des expressions du projet de loi nous livre une fois de plus à la discrétion des tribunaux; et les tribunaux sont composés unanimement de personnes que leur condition rapproche plus des patrons que des ouvriers.

Nous croyons nécessaire de poser la question sur la base des principes :

Les tribunaux communs sont aussi incompétents pour juger des faits industriels que pour juger des faits commerciaux.

Les tribunaux correctionnels ne doivent connaître que des délits qui blessent la morale ou l'ordre public.

Du moment qu'on reconnaît la légitimité du concert pacifique entre les intéressés industriels, soit ouvriers, soit patrons, pourquoi ne pas se borner à effacer les articles 414, 415 et 416 purement et simplement, sauf à laisser la loi commune frapper les délits de violences, menaces, etc., qu'ils se produisent à l'occasion de n'importe quel fait?

La distinction de coalition simple et de coalition violente est subtile : elle ne peut préparer que de nouvelles amertumes aux ouvriers ..

Tous les termes moyens que l'on a essayés et que l'on pourrait imaginer n'aboutiront à rien. En dehors de ce que nous proposons, il n'y a pas de solution pratique!

Si l'on voulait faire pour nous quelque chose de sérieux, on commencerait par abolir les lois qui entravent la liberté de réunion et la liberté d'association : car, autrement, comment ne pas être perpétuellement écrasés par nos patrons, qui, peu nombreux, se réunissent et s'associent à leur gré, et dont chacun est à lui seul une coalition vivante, l'incarnation d'un capital multiple.

Si l'on veut prévenir les crises industrielles, on ne le peut que par la création dans chaque corps de métier :

1° De deux chambres, celle des patrons et celle des ouvriers, nommées tous les trois ans, l'une par le suffrage universel des patrons, et l'autre par le suffrage universel des ouvriers, afin de faire les règlements, tarifs, etc., de la corporation;

2° D'un syndicat exécutif pour veiller à l'observation desdits règlements, tarifs, et formé annuellement, moitié de patrons choisis par la chambre des patrons, et moitié d'ouvriers nommés par la chambre des ouvriers;

3° D'une prud'homie corporative pour juger les différends industriels, et composée mi-partie de patrons et mi-partie d'ouvriers élus par le suffrage universel des uns et des autres.

Recevez, monsieur, nos salutations empressées.

(Suivent les signatures.)

24 février 1864.

Le *Siècle* (du 12 mars 1864), en reproduisant cette note, l'accompagnait des réflexions suivantes :

Ce document, comme on le voit, conclut à deux choses : à l'abrogation pure et simple des articles du Code pénal sur les coalitions, et au rétablissement, sous une forme plus ou moins déguisée, des institutions corporatives.

Deux questions graves, la seconde surtout.

Rayer du Code pénal les coalitions, c'est beaucoup plus simple que de bien définir celles qui seraient punissables ; mais ne serait-ce pas en même temps encourager certains actes qui ne se sont guère produits jusqu'ici, arrêtés qu'ils étaient par les dispositions générales de la loi?

Les ouvriers, en mauvaise position pour bien juger les actes et les sentiments de ceux qui les emploient, croient généralement que ces derniers s'entendent parfaitement entre eux quand il s'agit de résister aux demandes d'amélioration formulées par les salariés. Des chambres syndicales de patrons, tolérées par l'administration, existant dans un certain nombre de métiers, les ouvriers y voient une coalition permanente organisée contre eux, et insaisissable, soit à cause de l'habileté des coalisés, soit par la protection secrète de l'administration. Rien n'est cependant plus éloigné de la vérité; non pas que les patrons n'aient le désir de résister collectivement à tout ce qui leur semble menacer leurs bénéfices ou leur autorité; mais ils ne sont ni aussi unis ni aussi hardis que les ouvriers le supposent.

Le principe de la libre concurrence les a faits presque ennemis, et ils sont plutôt disposés à s'enlever la *clientèle* qu'à s'unir dans une résistance commune contre les ouvriers. Ils ne se soucient pas d'ailleurs d'avoir affaire aux tribunaux dans le cas où ceux-ci voudraient quelque beau jour démontrer que l'égalité devant la loi est chose sérieuse en France. Mais si la coalition devenait chose permise, soit pour se défendre, soit pour attaquer, il serait possible que les chefs d'industrie fissent taire de temps à autre leurs antipathies de concurrents pour lutter contre l'adversaire commun, et les ouvriers savent combien alors le combat offrirait de mauvaises chances pour eux, qui vivent au jour le jour, et de chances favorables pour le capital, qui peut attendre.

Nous persistons donc à croire qu'il serait juste de considérer certaines coalitions, à commencer par celles des patrons, comme un délit, tout en ne les frappant que de certaines pénalités spéciales, en rapport avec la nature de l'acte. Pour mieux rendre notre pensée, nous allons préciser quelques cas et indiquer quelles réparations on pourrait exiger.

La coalition des patrons qui aurait pour but l'abaissement des salaires serait frappée d'une forte amende au profit des sociétés de secours mutuels ou de toute autre institution de même nature. L'amende serait prononcée contre tous les coalisés, et les organisateurs de la coalition pourraient être privés ensuite des droits d'électeur pendant un temps déterminé.

La coalition des ouvriers qui emporterait pour le patron un préjudice constaté, tel que l'inexécution des commandes auxquelles il se serait engagé par traité, pourrait entraîner pour tous les coalisés la privation temporaire des droits d'électeur.

La coalition des patrons et des ouvriers qui se réuniraient pour anéantir toute concurrence et rançonner ainsi les consommateurs, serait punie d'une amende au profit des institutions de secours mutuels, prononcée contre tous les coalisés, et les chefs seraient en outre privés des droits civiques.

La coalition des patrons ou des ouvriers qui porterait atteinte à l'alimentation générale, à la salubrité, à la sûreté publiques, pourrait être punie comme celle des détenteurs de marchandises et celle des acquéreurs aux enchères.

Evidemment, dans tous les cas que nous venons d'énumérer, la liberté absolue devient abusive, et bien que ces abus ne constituent pas une grave attaque contre les personnes et les propriétés, ils y touchent néanmoins assez pour appeler une répression.

Nous venons de dire franchement aux ouvriers signataires de la note plus haut reproduite ce que nous croyons devoir opposer à leur vœu d'abrogation pure et simple des articles 414, 415 et 416. Nous recommandons leur pétition à l'attention de la commission législative qui s'occupe en ce moment de l'examen du projet de loi : elle mérite d'être prise en grande considération, parce qu'elle est honnête, sincère, et qu'elle exprime les vœux, sinon de la majorité des ouvriers, au moins ceux d'un groupe dont les avis et les tendances peuvent trouver un jour beaucoup de partisans. Nous aurions voulu pouvoir aborder dès aujourd'hui la question soulevée dans la seconde partie de la pétition, mais cela est d'une telle gravité que nous croyons devoir réserver son examen pour un autre article.

Nous sommes toutefois d'accord avec les signataires sur la nécessité, pour le cas où l'institution des prud'hommes serait appelée à intervenir d'une manière ou d'une autre dans ces douloureuses questions de refus collectifs de travail, pour que ces tribunaux de famille s'établissent partout où besoin serait, c'est-à-dire d'en instituer un au sein de chaque corps d'état qui en réclamerait le bienfait. Les querelles de métier ne peuvent être bien comprises que par les gens du métier ; elles ne peuvent être équitablement apaisées que par des représentants de chaque intérêt en présence, et ces représentants, naturellement adversaires, ont besoin de vivre quelque temps côte à côte pour pouvoir se connaître, s'apprécier et enfin s'estimer mutuellement. C'est là qu'est l'excellence du tribunal des prud'hommes, et lorsqu'on étendra son action jusqu'à en faire le tribunal de pacification des grandes luttes industrielles, il suffira de lui adjoindre des représentants d'un intérêt que, dans toutes ces discussions de salaire, on semble oublier un peu trop de part et d'autre : l'intérêt du consommateur, c'est-à-dire de tout le monde.

Où choisira-t-on ce représentant de l'intérêt social? Question facile à résoudre dans un pays où règne l'institution du jury.

H. Leneveux.

RÉPONSE AU SIÈCLE

A Monsieur HAVIN, directeur politique du SIÈCLE *et député.*

MONSIEUR LE DIRECTEUR,

Nous vous remercions beaucoup d'avoir donné à notre lettre aux députés l'immense publicité du *Siècle*. Nous vous serions reconnaissants d'accueillir les observations suivantes en réponse à l'article si bienveillant d'ailleurs que nous a consacré l'un des honorables collaborateurs de votre journal.

On nous dit qu'il y aurait inconvénient à abolir purement et simplement les art. 414, 415 et 416 et à laisser croire que les coalitions sont permises ; car celles des patrons pourraient se produire plus fréquemment qu'aujourd'hui, et par conséquent nuire grandement aux ouvriers.

Nous ferons remarquer, comme on le fit déjà lors de la discussion de la loi de 1849, qu'en dehors de la suppression de tout article contre les coalitions les ouvriers seront toujours frappés et les patrons jamais. Les distinctions qu'on veut faire entre les coalitions blâmables et celles qui ne le sont pas n'aboutiront à rien dans la pratique. Ainsi, par exemple, on nous dira toujours que le fait ou bien simplement l'annonce de se retirer tous ensemble d'un atelier impliquant pour le patron la crainte d'une perte grave et peut être même de sa faillite est une intimidation. Et l'amendement de M. Darimon ne remédierait pas davantage au mal, car le jugement restant aux tribunaux ordinaires, les ouvriers se trouveraient toujours sous le coup de l'arme terrible des arrestations préventives.

Nous sommes donc dans l'obligation d'insister fortement sur ce point, autour duquel devrait, ce nous semble, se concentrer toute la discussion :

[Les trib]unaux communs sont aussi incompétents pour juger des faits ind[ustri]els que pour juger des faits commerciaux.

Pour les uns il y a les tribunaux de commerce, pour les autres il y a la Prud'homie ou tribunal industriel, dont le principe est excellent, mais qu'il faudra améliorer en la spécialisant davantage, c'est-à-dire en augmentant le nombre des Conseils jusqu'à ce qu'il y en ait un par corps de métier

Est-ce que l'on comprendrait aujourd'hui que pour un fait de commerce on fût justiciable des tribunaux correctionnels? On punit la fraude parce que c'est la fraude et non comme acte de commerce. On doit punir la violence parce que c'est la violence et non comme acte d'industrie

On nous dit : Vous pouvez ruiner votre patron par vos prétentions et votre retraite. — Mais est-ce que l'on ne peut pas ruiner un commerçant et amener sa faillite par un concert établi entre plusieurs commerçants ou par la retraite simultanée des capitaux de sa maison? Pas plus dans un cas que dans l'autre, les tribunaux communs n'ont à en connaître, car cela n'intéresse pas l'ordre public ni la morale.

On nous dit : qu'il serait bon de prononcer contre les patrons coupables de coalition pour baisse de salaire une amende au profit des sociétés de secours mutuels ; et contre les ouvriers coupables de coalition pour préjudice constaté par effet d'inexécution de commandes, la perte des droits d'électeurs. — Mais c'est faire confusion, car nous ne voyons pas ce que la politique a à faire avec un fait industriel, ni comment la perte des droits civiques pourra réparer le préjudice causé à un patron ; et, d'autre part, de quel droit frapper d'une amende au profit de tiers un acte qui nous nuit à nous mêmes?

Ce qui est vrai, c'est que tout homme doit la réparation du dommage qu'il a causé. Ainsi, rien de plus juste que de dire : Les patrons, soit individuellement, soit collectivement ont fait tort à un ou plusieurs ouvriers en les renvoyant sans observer les délais d'usage, ils leur doivent tels et tels dommages et intérêts ; et réciproquement si les ouvriers se sont retirés de chez les patrons de façon à leur causer préjudice Les ouvriers pourraient, dans certains cas, être déclarés responsables solidairement et saisie opérée sur le cinquième de leur salaire jusqu'à libération.

Mais qui en décidera? Non point les tribunaux communs, ni civils, ni correctionnels, mais les prudhommes ; car le premier principe de justice c'est d'être jugé par ses pairs, ce qui signifie, pour un fait de citoyen à citoyen, le tribunal civil ou le jury, pour un fait de commerce, le tribunal de commerce, pour un fait industriel, le tribunal industriel.

Si l'on se bornait à modifier la loi sur les coalitions au lieu de l'abroger et que l'on maintînt la juridiction des tribunaux correctionnels, la première chose que feraient les ouvriers traduits serait de repousser une telle juridiction comme incompétente. On pourrait bien nous condamner encore, mais la question a fait trop de progrès dans les masses pour qu'elles acceptent plus jamais comme juste un jugement sur ces matières prononcé par d'autres que leurs juges naturels : les prud'hommes.

Un mot seulement sur les institutions corporatives que nous réclamons : chambres patronales et chambres ouvrières, syndicats exécutifs et prud'homies. — Le journal *la France* nous accuse de vouloir le rétablissement des jurandes. Or, ce que la Révolution française a justement brisé était entaché de monopole et de privilége : et ce que nous voulons, c'est l'organisation de l'industrie sous la juridiction de tous ceux qui la composent. Là aussi, dans chaque corps de métier, le suffrage universel est notre règle suprême. — Les journaux légitimistes nous louent de demander les libertés corporatives. Mais parce que ces journaux-là aussi firent l'éloge des libertés communales, les déclarera-t-on mauvaises? En quoi l'appel au peuple et le suffrage universel ont-ils donc profité au parti de la *Gazette de France* qui les avait dix-huit ans réclamés comme nous?

Les sophismes de nos adversaires ne trompent personne. Nous croyons que, dans une société libre, les hommes doivent, chacun dans leur sphère, pouvoir faire eux-mêmes leurs propres affaires, résoudre d'un commun accord les questions qui les intéressent ; car du libre groupement des intérêts communs résultent à la fois une force défensive plus grande et une action plus expansive.

Au nom de nos camarades :

Louis Leroy. — J.-B. Vasseur. — B. V. Viguier. — A. Parrot.

14 mars 1864.

Articles actuellement en vigueur

(Loi du 27 novembre 1849.)

Art. 414. — Sera punie d'un emprisonnement de six jours à trois mois et d'une amende de seize francs à trois mille francs :

1° Toute coalition entre ceux qui font travailler des ouvriers, tendant à forcer l'abaissement des salaires, s'il y a eu tentative ou commencement d'exécution ;

2° Toute coalition de la part des ouvriers pour faire cesser en même temps de travailler, interdire le travail dans un atelier, empêcher de s'y rendre avant ou après certaines heures, et, en général, pour suspendre, empêcher, enchérir les travaux, s'il y a eu tentative ou commencement d'exécution.

Dans les cas prévus par les deux paragraphes précédents, les chefs ou moteurs seront punis d'un emprisonnement de deux ans à cinq ans.

Art. 415. — Seront aussi punis des peines portées par l'article précédent, et d'après les mêmes distinctions, les directeurs d'atelier ou entrepreneurs d'ouvrages, et les ouvriers qui, de concert, auront prononcé des amendes autres que celles qui ont pour objet la discipline intérieure de l'atelier, des défenses, des interdictions, ou toutes proscriptions, sous le nom de *damnations*, ou sous quelques qualifications que ce puisse être, soit de la part des directeurs d'atelier ou entrepreneurs contre les ouvriers, soit de la part de ceux-ci contre les directeurs d'atelier ou entrepreneurs, soit les uns contre les autres.

Art. 416. — Dans les cas prévus par les deux articles précédents, les chefs ou moteurs pourront, après l'expiration de leur peine, être mis sous la surveillance de la haute police pendant deux ans au moins et cinq ans au plus.

Projet du Conseil d'État

(Février 1864.)

Voici le texte du projet de loi portant modification des articles 414, 415 et 416 du Code pénal relatifs au délit de coalition :

ARTICLE UNIQUE.

Les dispositions des articles 414, 415 et 416 du Code pénal sont modifiées comme il suit :

Art. 414. — Sera puni d'un emprisonnement de six mois à deux ans et d'une amende de cinq cents francs à cinq mille francs :

1° Quiconque, par manœuvres coupables, dons ou promesses ayant ce caractère, menaces, violences ou autres moyens d'intimidation, aura provoqué ceux qui font travailler les ouvriers à former ou à maintenir une coalition tendant à forcer l'abaissement des salaires;

2° Quiconque, par les mêmes moyens, aura provoqué les ouvriers à former ou à maintenir une coalition ayant pour but de faire cesser en même temps de travailler, interdire le travail dans un atelier, empêcher de s'y rendre avant ou après certaines heures, et, en général, de suspendre, empêcher ou enchérir les travaux.

L'emprisonnement sera de deux à cinq ans, et l'amende de mille à dix mille francs, si les provocations ont été suivies d'effet.

Art. 415. — Seront punis d'un emprisonnement de six jours à trois mois et d'une amende de seize francs à trois mille francs les directeurs d'atelier ou entrepreneurs d'ouvrage et les ouvriers qui, de concert, auront prononcé des amendes autres que celles qui ont pour objet la discipline intérieure de l'atelier, des défenses, des interdictions, ou toutes proscriptions sous le nom de *damnations* ou sous quelque qualifications que ce puisse être, soit de la part des directeurs d'atelier ou entrepreneurs, contre les ouvriers, soit de la part de ceux-ci contre les directeurs d'atelier ou entrepreneurs, soit les uns contre les autres.

Dans le cas prévu par le paragraphe précédent, les chefs ou moteurs seront punis d'un emprisonnement de six mois à deux ans et d'une amende de cinq cents francs à cinq mille francs.

Art. 416. — Les auteurs des provocations prévues par l'art. 414, s elles ont été suivies d'effet, et les chefs ou moteurs, dans le cas prévu par le paragraphe 1er de l'article 415, pourront, après l'expiration de leur peine, être mis sous la surveillance de la haute police pendant deux ans au moins et cinq ans au plus.

Amendement de M. Darimon

M. Alfred Darimon, député de la Seine, a d'adressé l'amendement suivant à la Commission chargée d'examiner le projet de loi relatif aux coalitions.

ARTICLE UNIQUE.

Les articles 414, 415 et 416 du Code pénal relatifs aux coalitions des maîtres et des ouvriers sont abrogés et remplacés par les dispositions suivantes :

« Art. 414. — Sera puni d'un emprisonnement de six jours à trois mois et d'une amende de 16 à 500 francs, ou de l'une de ces deux peines seulement, toute personne qui, à la suite d'un concert ou même indépendamment de tout concert, aura commis des violences, proféré des menaces, prononcé des amendes, des interdictions ou toute proscription quelconque, soit contre ceux qui font travailler, soit contre ceux qui travaillent, quand ces actes auront eu pour effet de porter atteinte à la liberté des maîtres ou des ouvriers.

« Art. 415. — Seront punis des mêmes peines, ou de l'une d'elles seulement, les moteurs de rassemblements tumultueux près des établissements où siège le travail, ou près de la demeure de ceux qui les dirigent, quand ces rassemblements auront été provoqués dans le but d'attenter à la liberté du travail.

« Art. 416. — Seront considérés comme faisant usage d'un droit légitime, et par conséquent ne seront point passibles des peines portées aux deux articles précédents, ni d'aucune autre, les directeurs d'ateliers ou les ouvriers qui se seront réunis librement et pacifiquement pour s'entendre et arrêter des résolutions communes, soit sur le prix, soit sur les conditions du travail, même quand ces résolutions auraient eu pour effet de suspendre et d'interrompre pour un temps le travail dans un ou plusieurs ateliers. »

Amendement Carnot et autres

« Les articles 414, 415, 416 du Code pénal sont abrogés. »

CARNOT. — GARNIER-PAGÈS. — PELLETAN. — OSCARP LANAT. GLAIS-BIZOIN. — JULES SIMON.

Projet de M. Émile Ollivier

Contrairement à l'avis de M. Jules Simon, qui demandait l'abrogation pure et simple des articles 414, 415, 416 du Code pénal, M. Emile Ollivier avait proposé un projet qui les modifiait et les aggravait en certains points. En voici le texte :

« Art. 414. — Aucune cessation de travail en vertu d'un plan concerté, soit entre ceux qui font travailler, soit entre les ouvriers, ne pourra avoir lieu, avant que les prud'hommes aient émis leur avis motivé sur la prétention, soit de ceux qui font travailler, soit des ouvriers. Dans les localités où les Conseils de prud'hommes n'existent pas, cet avis devra être émis par une commission composée de 3 patrons et de 3 ouvriers qui seront choisis par le président du Tribunal de commerce, sur une liste de 6 patrons et de 6 ouvriers dressée par le juge de paix du canton. Cet avis devra être rendu dans le délai d'un mois au plus tard. Toute cessation de travail, opérée avant l'accomplissement de ce préliminaire de conciliation, sera puni d'une amende de 16 à 200 fr. et de la ***privation des droits politiques de 1 à 6 ans.***

« Art. 415. — Sera punie d'un emprisonnement de 6 jours à un an et d'une amende de 16 à 3,000 fr. ou de l'une de ces deux peines seulement quiconque aura proféré des menaces, commis des violences, prononcé des amendes, proscriptions, défenses et interdictions connues sous le nom de ***damnations***, soit contre ceux qui travaillent, soit contre ceux qui font travailler, ***répandu sciamment de fausses nouvelles*** et des faits calomnieux, dans le but d'apporter une atteinte quelconque à la liberté qui appartient aux entrepreneurs d'ouvrages et aux ouvriers de débattre et de fixer librement les salaires et autres conditions du travail.

« Art. 416. — Lorsque les faits prévus par les articles précédents auront été commis par suite d'un plan concerté, la peine sera de 6 mois à 2 ans de prison et de 300 fr. à 5,000 fr. d'amende, sans préjudice de la poursuite, en vertu des dispositions du présent Code, de tous les autres crimes ou délits qui auraient pu être commis à cette occasion. »

La Commission, après avoir entendu M. Rouher, trouva le projet de M. Emile Ollivier excessif de réglementation ; elle écarta complètement son premier article et modifia les autres. C'est ainsi qu'elle arriva à un troisième projet qui n'est ni celui du gouvernement ni celui de M. Emile Ollivier, mais auquel M. Ollivier se rallia et dont il sera le rapporteur.

(***Europe*** du 11 avril 1864.)

Projet discuté par le Corps Legislatif.

Voici le nouveau projet de loi sur les coalitions :

PROJET DE LOI

Portant abrogation des articles 414, 415 *et* 416 *du Code pénal, et des articles* 19 *et* 20 *du titre II de la loi des* 28 *septembre*, 6 *octobre* 1791, *et remplacement desdits articles par de nouvelles dispositions.*

NOUVELLE RÉDACTION ADOPTÉE PAR LA COMMISSION (1) ET LE CONSEIL D'ÉTAT.

Article premier. Les articles 414, 415 et 416 du Code pénal sont abrogés. Ils sont remplacés par les articles suivants :

Art. 414. — Sera puni d'un emprisonnement de six jours à trois ans, et d'une amende de seize francs à trois mille francs, ou de l'une de ces deux peines seulement, quiconque, à l'aide de violences, voies de fait, menaces ou manœuvres frauduleuses, aura amené ou maintenu, tenté d'amener ou de maintenir, une cessation concertée de travail, dans le but de forcer la hausse ou la baisse des salaires, ou de porter atteinte au libre exercice de l'industrie ou du travail.

Art. 415. — Lorsque les faits punis par l'article précédent auront été commis par suite d'un plan concerté, les coupables pourront être mis, par l'arrêt ou le jugement, sous la surveillance de la haute police pendant deux ans au moins et cinq ans au plus.

Art. 416. — Seront punis d'un emprisonnement de six jours à trois mois, et d'une amende de seize francs à trois cents francs, ou de l'une de ces deux peines seulement, tous ouvriers, patrons et entrepreneurs d'ouvrage qui, à l'aide d'amendes, défenses, proscriptions, interdictions prononcées par suite d'un plan concerté, auront porté atteinte au libre exercice de l'industrie ou du travail.

Article 2. Les articles 414, 415 et 416 ci-dessus sont applicables aux

1. Cette Commission était composée de MM. Chevandier de Valdrôme, président; Toinnet de la Turmelière, secrétaire; Paul Dupont, Arman, Pinard, Jules Simon, Buffet, Nogent-Saint-Laurens, Emile Ollivier.

propriétaires et fermiers, ainsi qu'aux moissonneurs, domestiques et ouvriers de la campagne.

Les articles 19 et 20 du titre II de la loi des 28 septembre, 6 octobre 1791 sont abrogés (2).

2. Depuis la première Constituante, les coalitions des ouvriers agricoles sont réprimées par les articles 19 et 20 du titre II de la loi des 28 septembre et 6 octobre 1791, ainsi conçus :

« Art. 19. Les propriétaires ou les fermiers d'un même canton ne pourront se coaliser pour faire baisser ou fixer à vil prix la journée des ouvriers ou les gages des domestiques, sous peine d'une amende du quart de la contribution mobilière des délinquants, et même de la détention de police municipale, s'il y a lieu.

« Art. 20. Les moissonneurs, domestiques et ouvriers de la campagne ne pourront se liguer entre eux pour faire hausser et déterminer le prix des gages ou des salaires, sous peine d'une amende qui ne pourra excéder la valeur de douze journées de travail, et, en outre, la détention de police municipale. »

www.ingramcontent.com/pod-product-compliance
Ingram Content Group UK Ltd.
Pitfield, Milton Keynes, MK11 3LW, UK
UKHW032019260826
14628UKWH00006B/2579

9 782019 134334